# LE
# CHANSONNIER
## PARISIEN

PARIS
LIBRAIRIE POPULAIRE
Rue d'Ulm prolongée

# LE NOUVEAU
# CHANSONNIER PARISIEN

Imprimé par C ar   No    Souflo, 18.

# LE NOUVEAU
# CHANSONNIER PARISIEN

CONTENANT

les meilleures Chansons, Romances

Chansonnettes, etc

COMPOSÉES EN 1858

---

PARIS

B. RENAULT ET Cie, LIBRAIRES-ÉDITEURS

48, RUE D'ULM

# LE NOUVEAU CHANSONNIER PARISIEN

## L'INGRAT,

#### OU IL EST PARTI.

*Air de la jeune Fille et le Souvenir* (F.-E. Pecquet).

Il est parti celui que j'aime,
Pour une autre il m'a délaissée,
Son cœur, pour moi, n'est plus le même,
Pourtant, c'était mon fiancé;
Pour lui j'étais bonne et fidèle,
Son départ me fait bien souffrir;
Aimer, aimer est bien cruel!
Hélas! s'il pouvait revenir!

#### REFRAIN.

Il est parti, que de souffrance!
Je le vois bien, il me trahit;
Pour mon cœur, non, plus d'espérance,
Il est parti! il est parti!

Il me disait: Combien je t'aime,
 loin de toi plus de bonheur!

Pour lui mon cœur était de même,
Son abandon fait mon malheur.
Pourtant, à la sainte chapelle,
Dans peu nous devions nous unir,
Pour lui ne suis-je donc plus belle?
Hélas! s'il pouvait revenir!

Il est parti, etc.

Qu'ai-je donc fait pour lui déplaire?
Comme son regard était doux,
En me quittant son air sévère
Me montra qu'il était jaloux;
Confiante dans sa promesse,
Adieu, beaux rêves d'avenir!
J'espère encore en sa tendresse,
Hélas! s'il pouvait revenir!

Il est parti, etc.       F.-E. PECQUET.

---

# JUSTIN ET JUSTINE,

## OU LE COUSIN ET LA COUSINE.

### CHANSONNETTE.

Air : *les Plaisirs du village* (même auteur.)

Vous connaissez bien Justine,
Et puis le joli Justin.
Si Justine est sa cousine,
Justin est son p'tit cousin;
Ils se regardent sans cesse,
Chantent en se donnant la main.

(Parlé.) Justine ! Justin !
Profitons de la jeunesse
Et chantons ce gai refrain,
   Ah ! ah ! mon Justin !
Tenons à notre promesse,
   Ah ! ah ! mon cousin !
Aimons-nous jusqu'à la fin.


On les voit, dans le village,
Se promener tous les deux ;
Justine est fillette sage,
Justin un garçon joyeux.
Se faisant une caresse,
Ils se répètent soudain :

  (Parlé.) Justine ! etc.


Il faut les voir à l'ouvrage,
Ils ne sont pas paresseux.
Pour acheter le ménage,
Justin travaille pour deux ;
A l'objet de sa tendresse,
Il lui dit d'un air malin :

  (Parlé.) Justine ! etc.


Chaque dimanche, à la danse,
Comme ils se font les yeux doux !
Justin près d'elle s'avance,
Etant son futur époux ;
Il lui dit avec ivresse :
Dans peu vous aurez ma main.

  (Parlé.) Justine ! etc.

Le jour de leur mariage
Tout chacun sera joyeux,
Garçons, filles du village
Chanteront les amoureux;
Après le maire et la messe,
Ils rediront au festin :

(Parlé.) Justine! etc.     F.-E. Pecquet.

## L'ORPHELINE,

#### OU LES REGRETS.

Air de *Mon Hirondelle* (même auteur).

Bien jeune, sur la terre,
J'ai vu mon pauvre père
Terminer sa carrière,
Me disant : Mon enfant,
Sois toujours vertueuse,
Honnête et courageuse,
Et tu seras heureuse;
Pour moi prie Dieu souvent.

En perdant mon bon père,
Mon soutien, mon appui,
Seule, ici-bas, sur terre,     ) bis.
Mes regrets sont pour lui.

Ma bonne et tendre mère
Me disait : Prie, espère,
Ma fille, ta prière
Monte vers l'Eternel.

Mais, triste destinée !
Ma mère bien-aimée,
Courbée par les années,
Rendit son âme au ciel.

Sous la voûte céleste
Ici-bas, désormais,
Hélas ! il ne me reste
Que larmes et regrets.

Dieu ! maître de la vie,
A genoux je vous prie,
Et je vous en supplie,
Quand finiront mes jours,
En quittant cette terre,
Près de ma bonne mère
Et de mon tendre père
Placez-moi pour toujours.

Près de l'Etre suprême,
Heureuse désormais,
Revoyant ceux que j'aime,
Finiront mes regrets.  F.-E. Pecquet.

## LE RETOUR DES BEAUX JOURS.

#### RONDE VILLAGEOISE.

Air de *la Noce à Lapincheux* (même auteur).

Ah ! que l'on est heureux,
Lorsque reparaît la verdure,
Ah ! que l'on est heureux,
Notre cœur est bien plus joyeux !

Le printemps ramène les fleurs.
Les oiseaux, dans leurs doux ramages,
Semblent dire aux bons laboureurs :
Vous aurez de bons labourages.

 Ah! que, etc.

L'été nous mûrit la moisson,
Doucement l'épi se balance,
Et, le coupant, nous nous disons :
Dieu nous bénit, bonne espérance!

 Ah! que, etc.

L'automne rend au vigneron
L'âme joyeuse et guillerette,
Une grappe à chaque bourgeon
Lui fait aiguiser sa serpette.

 Ah! que, etc.

Dans l'hiver les tristes frimas
Nous font rester dans nos chaumières.
Là nous écoutons les combats
Que nous racontent nos vieux pères.

 Ah! que, etc.

Le vieillard aime les beaux jours,
Il semble renaître à la vie ;
Ah! que ne durent-ils toujours
Pour chasser sa mélancolie!

 Ah! que, etc.

La jeunesse, dans les beaux temps,
S'amuse à danser sur l'herbette,
C'est le doux plaisir des amants,
Tout bas ils se content fleurette.

Ah ! que, etc.

Plus tard une douce union
Vient sceller leur amour sincère,
La femme soigne la maison
Et le mari sa ménagère.

Ah ! que, etc.                F.-E. PECQUET.

---

## LE BON VIVANT.

Air de *la Chanson du Vigneron*.

Je suis joyeux dès le matin,
Jamais le chagrin ne m'attriste,
J'aime les femmes, le bon vin,
Aucun des deux ne me résiste ;
L'une me trouve bon luron
Et puis l'autre bon biberon.
    Toujours gai vivant,
    Je dis, en chantant :

Rions, chantons à l'unisson et répétons
        Ce gai refrain
        Qui met en train,
        Tin, tin, tin, tin !

Le verre en main,
Vive l'amour et le bon vin !
Vive l'amour et le bon vin !
Vive l'amour et le bon vin !

Lorsque je suis à mes travaux,
Là je travaille avec courage,
Le dimanche est pour le repos;
Cette loi, je la trouve sage ;
Ce jour-là, je prends mes ébats,
Et puis, je répète tout bas :

　　Toujours bon vivant, etc.

J'adore la franche gaîté,
Surtout lorsque je suis à table,
Souvent je porte une santé
Au beau sexe toujours aimable ;
Près d'un jeune et joli tendron,
Je répète et dis sans façon :
　　Près de vous mon cœur
　　Trouve le bonheur.

　　Rions, etc.

Lorsque pour moi viendra le jour
Où, lié par le mariage,
Près de l'objet de mon amour,
Oui, je jure de rester sage ;
S'il me vient des petits enfants,
Je chanterai les caressant :
　　Un jour, comme moi,
　　Vous direz, je croi :

　　Rions, etc.　　　F.-E. PECQUET.

## L'HEUREUX LABOUREUR.

Air : *Dieu veille sur la France* (même auteur).

Pour nos cœurs quelle douce ivresse !
Santé, travail, n'est-ce pas le bonheur ?
Voilà, voilà la plus belle richesse
Du laboureur, du laboureur.

Bon laboureur, je vais à mon ouvrage,
Le point du jour éclaire mes travaux,
La paix du cœur me donne du courage,
Mon chant joyeux se perd dans les échos ;
Je suis heureux, content dans ma chaumière,
Lorsque je rentre auprès de mes enfants,
Et pour leçon je leur lis la prière,
Et du bon Dieu les dix commandements.

    Pour nos cœurs, etc.

Quand le soleil, radieux dans sa course,
Nous fait mûrir l'épi pour la moisson,
Par sa chaleur les fruits et la fleur pousse
Et du raisin fait naître le bourgeon ;
Le vigneron, content de sa culture,
Avec plaisir voit la grappe grossir.
Remerciant le Dieu de la nature,
Son cœur joyeux contemple l'avenir.

    Pour nos cœurs, etc.

Puis, lorsque vient l'époque où l'on moissonne,
Chacun gaîment se rend à son travail.
Les chants, les ris de tous côtés résonnent,
Et sous la faux des blés tombe l'émail ;

Le soir arrive, alors on se repose,
Car l'on est las de ses travaux du jour;
Le lendemain, lorsque l'aube est éclose,
Chacun repart et chante tour à tour :

 Pour nos cœurs, etc.

Quand vient le jour où s'ouvre la vendange,
Voyez partir nos joyeux vendangeurs,
Et bien souvent chacun d'eux cueille et mange
Ces grains si beaux, choisissant les meilleurs;
Dieu tout-puissant, toi, maître de la terre,
Protége-nous, nous sommes tes enfants.
Toi seul es grand, et sur cet hémisphère,
Soutiens le bon et pardonne aux méchants.

 Pour nos cœurs, etc.     F.-E. PECQUET.

---

## LA PETITE QUÊTEUSE.

Air de *la Petite Ouvrière* (même auteur).

 Ici je me présente,
 C'est au nom du bon Dieu.
 Contentez mon attente,
 Donnez, donnez un peu;
 Car votre simple aumône
 Vous portera bonheur,
 Pour celui qui la donne
 Je prîrai de bon cœur.

La petite quêteuse
Vous demande aujourd'hui :
Pour qu'elle soit heureuse,
Donnez-lui, donnez-lui.   } bis.

Rien qu'une simple obole,
C'est pour les malheureux ;
Ecoutant ma parole,
Vous faites des heureux ;
C'est par la bienfaisance
Que l'on gagne le ciel ;
Votre place est d'avance
Auprès de l'Eternel.

   La petite, etc.

Parfois je me hasarde,
Et je vais bien souvent
Visiter la mansarde
Où reste l'indigent ;
S'ils n'ont pas de ressource,
Je calme leurs douleurs,
En déliant ma bourse
J'apaise bien des pleurs.

   La petite, etc.

Dieu nous mit sur la terre,
C'est pour nous secourir ;
Soulager la misère,
C'est toujours un plaisir :
Prions, rendons hommage
Au divin Créateur,
Nous sommes son image,
Ayons son noble cœur.

   La petite, etc.   F.-E. Pecquet.

## MA CONNAISSANCE,

### OU LA MARCHANDE D'AIL.

Parodie de la jeune Fille à l'éventail.

Air : *Ma petite Annette* (même auteur).

A la halle, près d'une grille,
J'ai trouvé, pour moi quel trésor !
Un éventair' de vieille fille
En osier, mais non garni d'or ;
La douce enfant qui le réclame
A les yeux comme un vrai corail,
Pour elle je garde mon âme.
Qu'elle est donc bien vendant son ail !

Si je ne la vois pas d'avance,
Je sais qu'elle est à son travail,
Je reconnais ma connaissance
Lorsque de loin je sens son ail.

Qu'elle est donc belle dans sa mise.
Quand il pleut, sous un grand portail !
Devant elle sa marchandise
Composée d'échalotte et d'ail ;
C'est ma petite tourterelle,
Et moi, son joli tourtereau,
Je ne sais comment ell' s'appelle,
Mais son nom doit être bien beau.

Si je ne la vois, etc.

Je ne la vois plus, quel dommage !
Bien sûr elle est dans d'autres lieux,
Son ail ainsi que son image
Charme mon nez, plait à mes yeux ;
En me quittant, vendant en ville,
Elle m'a dit : Attends-moi là.
J'attends, je ne suis pas tranquille,
Enfin, je la sens, la voilà.

   Si je ne la vois, etc.     F.-E. PECQUET.

## LES DEUX AMOUREUX.

Air de *l'Amoureux de Toinon* (même auteur).

Je l'aim' pour tout d'bon, oui, pour tout d'bon,
      M' p'tit' Fanchette ;
    Ses deux jolis yeux
    M' rendent amoureux,
    Je suis heureux ;
Pu's il faut la voir le dimanche, elle est gen-
    Se rendant au bal,      [tillette,
Son air, son maintien n'est pas mal.
    J'en deviendrai fou,
    Si pour époux
    Ell' ne m'accepte,
    Mon bien, mon bonheur,
C'est son amour, sa main, son cœur.

C'est un vrai trésor, ses joues sont comme
    Ses cheveux sont noirs,    [une cerise,
   Ses dents blanches comme l'ivoire ;
Quand j'la vois passer pour aller à l'Eglise,

Je m' dis comme ça :
   Quel beau p'tit bijou qu' j'aurai là !   *ter.*

J' l'aim', etc.

Quand j' lui fais la cour, nous parlons de tout
   J' lui peins mon amour.   [sort'd' choses.
Elle me répond sans détour :
Pierr', j' vous aime aussi, pour preuve prenez
   Ce joli bouquet   [cette rose,
De mon cœur vous dit le secret.   *ter.*

Je l'aim', etc.

Dans peu j'nous marions, j'allons dir' oui d'vant
   La noc', le festin,   [mossieu l' maire,
Se fera chez mon grand cousin ;
Lorsque nous pass'rons chacun me diront : bon-
   Ma Fanchett' sous l' bras,   [jour, Pierre,
V'là l' bonheur ou j' m'y connais pas.   *ter.*

Je l'aim', etc.                     F.-F. PECQUET.

---

## MON VOYAGE A PARIS.

### GAUDRIOLE.

Air de *la Lettre d'un soldat* (même auteur).

Je m'ennuyais au village,
   Un jour je m' suis dit :
Décidément je voyage,
   Ici c'est trop p'tit ;

L'on m'a dit qu' la capitale
   Est un paradis.
Il faut que je m'en régale.    } bis.
   Je pars pour Paris.

Les pays et la payse
   M' conduis'nt au ch'min d' fer,
Ah! pour moi quelle surprise!
   Ça fil', ça fend l'air:
Enfin v'là que je débarque,
   J' restais là surpris,
Mais l'on me fit la remarque
   Qu' j'étais dans Paris.

Je passe dans une rue
   En démolition,
Plus loin je porte la vue,
   Mais v'là qu'un moellon
Vient me tomber sur la tête,
   Crève mon chapeau;
Je m'écrie: Que c'est donc bête!
   Fallait dir' gar' l'eau!

Je vais au jardin des Plantes
   Me prom'ner le lend'main;
Que les bêtes sont charmantes!
   Le singe est malin,
Quelle drôle de tournure!
   L' voyant, j'dis soudain:
C'est tout à fait la figure
   De mon grand cousin.

Je veux aller au spectacle,
   J' prends, pour mes six sous,
L'omnibus, et sans obstacle,
   M' descend je n' sais où:

Je croyais voir un beau drame,
   C'est bientôt fini,
Ce n'était qu'un mélodrame
   Au P'tit Lazari.

Je m'arrête sur un' place,
   Riant de bon cœur,
C'était de voir le paillasse
   D'un escamoteur ;
Mais voilà que l'on me pousse
   J' fais pas attention.
L'on m' prend ma montre et ma bourse,
   On m' laisse l' cordon.

Assez content d' mon voyage,
   Je prends le chemin
De mon modeste village,
   Joyeux, sans chagrin ;
Près de mes amis d'enfance
   J'aurai moins d' souci,
Et de longtemps, je le pense,
   N' me r'verra à Paris. F.-E. Pecquet.

---

## LE MARIAGE DE MA SŒUR,

### OU LA NOCE AU VILLAGE.

Air de *la Veste à Paul* (même auteur).

L's amis, j' suis content, ma sœur va se marier,
   L'on vient d' m'inviter de la noce,

C'est elle et le futur qui sont v'nus m'en prier.
    Je vas-t'y m'en faire une bosse!
    Comme étant l' plus proch' des parents,
Pour m'amuser, c'est moi le plus flambant.

      J'ai-t'y d' la chance et du bonheur,
      J' vas à la noce de ma sœur!

Que je s'rai bien mis, j' vas mettre le jabot
    Que ne veut plus porter mon père,
Puis son grand habit, son gilet, son chapeau,
    Avec sa culotte à jarr'tière;
    Ses gros sabots, aussi ses bas
Qu'il m'a prêtés le jour du mardi-gras.

      J'ai-t'y, etc.

Je me f'rai friser, comm' je sentirai bon,
    L' perruquier m' mettra d' la pommade;
De l'eau d'Cologne, je vas être beau garçon,
    Et bien sûr plus d'un camarade
    Dira: jamais nous n'avons vu
    Un invité si bien mis, si cossu.

      J'ai-t'y, etc.

Ma sœur m'a choisi comme garçon d'honneur,
    Je conduirai la mariée,
Chacun me voyant dira: C'est l'épouseur;
    Elle aussi s'ra bien habillée:
    D' sa grand'mère elle aura l' bonnet,
Le tablier, le jupon, le corset.

      J'ai-t'y, etc.

J' vas-t'y m'en donner ; surtout, c'est au repas,
  Pour huit jours j' m'emplirai ma panse ;
Puis au bal chacun verra mes entre-chats,
  Car je suis très-fort pour la danse,
  Je danserai l' jour et la nuit,
Avec du pain, du vin et du rôti.

  J'ai-t'y, etc.


C'est pour quinze jours que le monde est pré-
  Il faut me préparer d'avance,      [venu,
Et puisque j'irai, enfin, c'est convenu,
  Croyez-vous que j'ai de la chance !
  L'on dit que, pour manger du fricot,
Faudra que chacun paye son écot.

  Je vous invite tous d'un bon cœur
  Au mariage de ma sœur.    F.-E. Pecquet.

---

## LA BOURGUIGNONNE.

#### Air du *Vigneron*.

C'est moi le plus beau Bourguignon
Vanté dans toute la Bourgogne,
Comme un vrai tonneau je suis rond.

Je suis père de six enfants,
Femme, enfants tout est bien portant.
  Joyeux biberon,
    Voilà ma chanson

Le vin, le vin nous fait du bien et nous soutient,
  Voilà le chant du Bourguignon,
  En faisant sauter le bouchon !
  Voilà le chant du Bourguignon,
  Voilà le chant du Bourguignon,
  Voilà le chant du Bourguignon !

Jamais l'on ne me voit chagrin,
Et si parfois je fais bombance,
C'est que j'adore le bon vin
De notre beau pays de France ;
En travaillant à mes tonneaux,
Je dis, goûtant les vins nouveaux :

  Joyeux biberon, etc.

L'on a beau me vanter Paris,
J'aime mieux ma vigne et mes terres.
Au moins là je vis sans soucis,
Loin du bruit, des grandes affaires ;
Tous ensemble l'on est heureux,
Nous chantons loin des envieux :

  Joyeux biberon, etc.

Enfin, quand viendra le moment
Où je quitterai cette vie,
Notre joyeux patron Vincent,
Lui dont le sort me fait envie,
Me recevant dans son caveau,
Je goûterai son vin nouveau,
   Puis après ma mort
   Je puis dire encor :

  vin, le vin, etc.　　　　F.-E. PECQUET.

## LA CAPELINE AUX RUBANS BLEUS.

*Air de la Jeune fille à l'éventail.*

— Holà! l'enfant à la faucille,
L'an dernier, au temps des moissons,
Dans ce val une belle fille
Chantait de naïves chansons.
Dis, n'était-ce pas Madeline?
Les boucles de ses blonds cheveux
Ondoyant sous sa capeline,
Sa capeline aux rubans bleus.

Depuis ce jour-là, je l'adore,
Depuis ce jour, je fais des vœux
Pour l'entendre et revoir encore
La capeline aux rubans bleus.

Je ne connais pas Madeline.
Je vois bien courir dans les prés
Plus d'une fille en capeline
Aux rubans verts, blancs ou pourprés.
Tous les soirs la brune Ysoline
Chante pour un nouvel amant,
Mais j'ai vu sous sa capeline
Un ruban d'un rouge éclatant.

— Ce n'est pas celle que j'adore,
Vainement ferais-je des vœux
Pour l'entendre et revoir encore
La capeline aux rubans bleus.

Il en est une moins coquette
Qui chante aussi comme un oiseau;
Elle effeuille la pâquerette
Et va rêver au bord de l'eau.
C'est la blonde et sensible Aline,
Favorable aux tendres discours;
Le ruban de sa capeline
Est vert tendre, espoir des amours.

Ce n'est pas celle que j'adore,
Vainement ferais-je des vœux
Pour l'entendre et revoir encore
La capeline aux rubans bleus.

— Regardez là-bas dans la plaine,
Au milieu de ce blanc troupeau,
En corset et jupe de laine
Une fileuse sous l'ormeau;
Plus d'un malheureux, au village,
La bénit comme le Bon Dieu.
Elle est aussi bonne que sage...
— Que vois-je? ô ciel! un ruban bleu.

La voilà celle que j'adore!
Prends cet or; moi, je suis heureux.
Je vais l'entendre et voir encore
La capeline aux rubans bleus.

M<sup>me</sup> Ernestine RABINEAU.

## LE FARCEUR DE VILLAGE.

###### CHANSONNETTE VILLAGEOISE.

Air du *Vigneron*.

J' n'en ons point l'air', mais voyez-vous,
Du diabl' j' possédons la finesse,
Aussi l'on me cite entre tous
Comme un malin d'la pire espèce.
J' somm's savant jusqu'au bout des doigts,
J' causons comme un Double-Liégeois,
    Comm' lui, sans mentir,
    J' lisons dans l'av'nir.

                        [malin !...
Ah! cré coquin! foi d' Mathurin! j' suis t'y
J' suis si farceur, parol' d'honneur!
Qu'souvent tout seul j'en ris d'bon cœur. *bis.*
J' suis t'y farceur, j' suis t'y farceur! *bis.*


Au carnaval de not' canton,
C'est là que j' suis vraiment cocasse,
J' cach' mon nez sous un nez d' carton,
D' charbon noir je m' barbouill' la face,
J'orn' mon chapeau d'un' queu' d' lapin;
Puis j'enfourch' notre âne Martin,
    Sur cet animal
    Je m' promène à cheval.

    Ah! cré coquin! etc.

J'imite l'cri des animaux,
Qu'sans m'flatter l'on m'prend pour un'bête;
J'enlève des poids d'vingt kilos,
Comm' font les hercules d'la fête;
J' possède un autre art d'agrément,
J' march' sur les mains très-proprement,
  Aussi j' somm's certain
  De faire not' chemin.

 Ah ! cré coquin ! etc.

Aux noc's chacun veut m' posséder,
Aux fill's j' cont' plus d'un' gross' malice,
Au dessert je m' mets à chanter
Bien plus fort qu'un chantre d'église.
Aussi d' Paris un connaisseur
M'a fait un compliment flatteur,
  Qu' j'étais sans rivaux,
  D' la forc' de trois ch'vaux.

 Ah ! cré coquin ! etc.

L'autr' soir, faut que j' vous conte ça,
Près du grand bois passait Jeannette,
Vous savez ben cett' petit' qu'a
L' bout du nez qui fait la trompette;
D'un taillis j' mélanc' tout à coup,
Jeannett', qui me prend pour un loup,
  En tombe d' frayeur.
  Que j' suis donc farceur !

 Ah ! cré coquin ! etc.

A la veillée, aux gens d' chez nous,
En garçon qui n'est pas trop bête,
J' cont' des histoires d' loup-garous
Qui font dresser les ch'veux d' la tête;

J' chant' la romanc' du Juif-Errant
Qu'est un vrai morceau d' sentiment,
  Et d' moi chacun dit :
  Quel garçon d'esprit !

Ah ! cré coquin ! etc.

Chaqu' fill' aussi raffol' de moi,
Quoiq' j'ons les jamb's en cor de chasse,
Que j' louchons un peu de l'œil droit,
Et qu' mes ch'veux sont d'un blond filasse ;
Mais j' somm's difficil', voyez-vous,
Heureus' la fillette aux yeux doux
  Qu'aura l' fin bonheur
  D' posséder mon cœur.

Ah ! cré coquin ! etc.

Maurice PATEZ.

## LES MARGUERITES (janvier 1844).

### LÉGENDE DAUPHINOISE.

Musique de M<sup>lle</sup> Antonia MÉNARD (M<sup>me</sup> Tissot).

Ou air de *la Jeune fille à l'éventail*.

Vous n'avez pas vu Marguerite,
Jeune orpheline du hameau ?
A quinze ans, la pauvre petite,
Etait simple comme l'agneau,

I

Mais aussi belle que Marie
Dut l'être devant Gabriel.
En la voyant dans la prairie,
On eût dit un ange du ciel...
Vous qui gaîment, chères petites,
Dansez sur l'herbe et sur les fleurs,
Ne foulez pas les marguerites,
Mais sur elles versez des pleurs.


Un jour, au pied de la colline,
Marguerite filait son lin,
Et parfois sa voix argentine
Charmait les échos du chemin.
Un étranger passe auprès d'elle ;
Surpris, il s'arrête et lui dit :
« On doit aimer quand on est belle. »
Marguerite point ne s'enfuit...

 Vous qui gaîment, etc.


« Marguerite, depuis, rêveuse,
Ne leva plus ses yeux si doux,
On la vit, pâle, soucieuse,
En ce lieu prier à genoux.
Un soir, au milieu du silence,
Le lac, en terminant ses jours,
Reçut cette fleur d'innocence
Flétrie au souffle des amours.

 Vous qui gaîment, etc.

Mme Ernestine RABINEAU

## RICHE D'AMOUR.

#### FANTAISIE.

Air : *C'est pour toi que je vais mourir.*

O toi, compagne de ma vie !
Gentille fleur de mon printemps,
Que n'ai-je à mes lois asservie
La fortune aux dons séduisants ;
Du plaisir les douces ivresses
Viendraient te bercer tour à tour...
Je n'ai pour toi que des caresses,
Je ne suis riche que d'amour.

Pour toi, souriante à toute heure,
Eveillant tes rêves chéris,
L'art gracieux de ta demeure
De fleurs ornerait les lambris ;
Mes yeux parfois perdraient la trace
Sous l'ombrage au discret détour...
Viens près de moi, le froid te glace,
Je ne suis riche que d'amour.

Puis, dans ta blonde chevelure,
Pour éclairer ton front charmant,
Scintillerait, blanche parure,
Une étoile de diamants ;
A toi des bijoux, des merveilles,
Reine du bal, brille à ton tour...
Ton front pâlira sous les veilles,
Je ne suis riche que d'amour.

Oh ! tu serais la providence
Que Dieu sur terre fait briller !
Aux reflets de ton opulence
Du pauvre égayant le foyer,
L'écho redirait la prière
Qui te bénirait chaque jour...
De l'âtre pâlit la lumière,
Je ne suis riche que d'amour.

Maurice PATEZ.

## JE VAIS PRIER.

Air : *Je chanterai.*

Lorsque le printemps vient couvrir la terre
D'un riche tapis aux vives couleurs,
Lorsque dans nos sens, comme un doux mystère,
La vie à longs traits s'enivre de fleurs ;
Quand l'insecte ailé dans l'herbe murmure,
Quand l'oiseau chanteur bénit la nature,
Foulez du plaisir le riant sentier.
Chantez vos chansons.... moi, je vais prier.

C'est l'heure du bal, belles et riantes
Filles aux regards tout voilés d'amour,
Dans le tourbillon des valses brillantes,
Ivres de bonheur, passez tour à tour.
Quand, sous mille feux, le bal étincelle,
Quand d'or et de soie un long flot ruisselle :
L'astre de la nuit pour moi vient briller.
Dansez jusqu'au jour... moi, je vais prier.

Du bouquet d'hymen ceins-toi, jeune fille,
Laisse à ton époux entrevoir le ciel;
Tu lis dans ses yeux l'avenir qui brille,
Marche, jeune fille, heureuse à l'autel;
Puis un doux enfant, bienheureuse mère,
Pressera ton sein de sa main légère.
Sois, par tes doux soins, l'ange du foyer.
Sur la dalle, au soir, moi, je vais prier.

Aimer, c'est la vie, aussi, dans mon âme,
J'aime d'un amour exempt de douleurs
Dieu qui, répandant sa divine flamme,
Anime nos sens ou sèche nos pleurs;
Aimez du plaisir les jeux et les fêtes,
De fleurs, à vingt ans, couronnez vos têtes,
Rêves d'ici-bas qu'il faut oublier...
Sous mon voile blanc, moi, je vais prier.

Maurice PATEZ.

## L'ENFANT ET L'ALOUETTE.

DÉDIÉE A MADEMOISELLE ANAÏS PIAUD.

*Air:*

Un jour dans la verte prairie
Un bel enfant aux grands yeux noirs
Tendait, sur une herbe fleurie,
Aux oiseaux des lacs à miroirs:
Voilà qu'une jeune alouette
S'y laisse prendre! O la coquette!
Qui voulait mirer en passant
Son plumage encor frais naissant.
« Pitié! (s'écria la pauvrette),
« Laisse-moi fuir vers d'autres champs,
« Je te dirai mes plus doux chants.

— Non, non, alouette mignonne,
    Tu ne peux m'attendrir ;
    A ma mère si bonne,
    Ce soir, je veux t'offrir.

« Tu veux entendre mon ramage
« Et tu me fais verser des pleurs !
« Méchant ! si tu me mets en cage,
« J'y mourrai de mille douleurs.
« Ecoute, enfant, ma voix plaintive ;
« Cesse de me tenir captive ;
« Rends-moi mon espace azuré,
« Tu m'y verras, joyeuse et vive,
« Jouer dans le rayon doré
« Où valse l'atome éthéré. »

— Non, non, alouette mignonne,
    Tu ne peux m'attendrir ;
    A ma mère si bonne,
    Ce soir, je veux t'offrir.

« Et moi ! n'ai-je pas une mère
« Qui m'a donné tout son amour ?
« Sais-tu que de sa peine amère
« Elle peut mourir à son tour ? »
— O ciel ! d'une mère chérie,
Moi ! j'oserais briser la vie,
Je lui ravirais son enfant ?
C'est un crime que Dieu défend ;
Vite, envole-toi, je t'en prie,
Que mère ignore qu'un moment
Je t'ai causé si grand tourment.

— Pardonne, alouette mignonne,
    Pars, j'ai su m'attendrir ;
    A ma mère si bonne
    Je ne veux plus t'offrir.

Mme Ernestine RABINEAU.

## LE FORGERON.

###### CHANSONNETTE.

Air du *Vigneron* (PAUL HENRION).

Je suis de tous les forgerons
Celui qu'on cite en Angleterre,
Pour fiancer tous les tendrons
Qu'amour fait éclore sur terre.
Cette coutume, que je tiens
De mes aïeux, fort bons chrétiens,
  Me fait en forgeant
  Chanter constamment :

Mariez-vous, jeunes époux, loin des jaloux,
  C'est la chanson du forgeron,
  Dieu bénira votre union ;
  C'est la chanson du forgeron.  *bis.*

Je ne sais ni code ni loi
Pour défendre le mariage
A qui possède devant soi
Une existence honnête et sage ;
Je façonne au bruit des marteaux
Et tendres cœurs et durs métaux,
  Avec ce refrain
  Qui met tout en train :

Mariez-vous, jeunes époux, loin des jaloux,
  C'est la chanson, etc.

Dans vos grandes villes, je hais
La vie et splendide et frivole,
Où l'or jette mille reflets,
Souvent l'existence s'envole ;
Là, pour signer plus d'un hymen,
L'intérêt seul guide la main.
  Seul ici l'amour
  Signe sans retour.

Mariez-vous, jeunes époux, loin des jaloux,
 C'est la chanson, etc.

A notre patron saint Éloi,
Quand viendra mon heure dernière,
J'irai dire le noble emploi
Qu'ici j'ai fait de ma carrière ;
En léguant à mon héritier
Le droit aussi de marier
  Ceux qui s'aimeront
  Et qui chanteront :

Mariez-vous, jeunes époux, loin des jaloux,
 C'est la chanson du forgeron,
 Dieu bénira votre union ;
 C'est la chanson du forgeron.  *bis.*

Auguste ALAIS.

## NE CESSEZ PAS DE CROIRE EN DIEU.

Vous ignorez, enfants, pourquoi la vie
Pèse à beaucoup comme un trop lourd fardeau ;
C'est qu'aux amours leur âme est asservie
Et que l'orgueil maintient ce noir rideau ;
C'est que, livrant leur existence au doute,
Qui seul, les guide à toute heure, en tout lieu,
La foi ne met nul flambeau sur la route.
Ne cessez pas, enfants, de croire en Dieu !


Des insensés l'ambition suprême,
Foulant aux pieds lois, devoirs, sentiments,
Devant ses yeux ne voit rien qu'elle-même,
Et rit tout haut des soudains châtiments.
Quand de la gloire ils croient toucher les cimes,
L'orage vient qui couvre leur ciel bleu...
L'espace est court du sommet aux abîmes.
Ne cessez pas, enfants, de croire en Dieu !


Que d'imprudents, entraînés par l'exemple,
Riches déjà, voulant monter encor,
Se sont hâtés à la porte du temple
Où tout cœur bat, mais de la soif de l'or !
Ils ont placé, sous de fausses doctrines,
Toute leur vie au fil tendu du jeu...
Le fil se rompt ; c'est l'heure des ruines.
Ne cessez pas, enfants, de croire en Dieu !

Que d'égarés, dans cette vie humaine,
Qui vont grossir, même en voyant l'écueil,
Les rangs de ceux que le vice promène
Jusqu'à l'instant où s'ouvre le cercueil !
Les passions impriment dans leurs âmes
Un sceau fatal plus brûlant que le feu...
Malheur à qui n'en éteint point les flammes !
**Ne cessez pas, enfants, de croire en Dieu !**


L'homme oubliant sa native noblesse,
Pour des hochets, des plaisirs incertains,
Presque toujours compromet, par faiblesse,
Ses plus beaux jours, ses plus heureux instincts.
Si par ceux-là pour qui rien ne s'épure,
Tout est maudit dans un dernier adieu,
La vie est belle à qui la garde pure...
**Ne cessez pas, enfants, de croire en Dieu !**

Victor DRAPPIER.


## TOUJOURS J'AIMERAI.

Air : *Je chanterai.*

De mes soixante ans, sur ma chevelure,
   temps de ses doigts a marqué le cours ;

De soixante hivers, bravant la froidure,
Comme en mon printemps moi j'aime toujours.
Bienheureux celui, sans bien, sans envie,
Qui peut ici-bas aimer ; c'est la vie :
Heureux et content, tant que je vivrai,    } bis
Comme à mes vingt ans toujours j'aimerai.

J'aime des enfants les tendres caresses,
Leurs jeux enfantins font battre mon cœur ;
J'aime des heureux les douces ivresses ;
Je prends, croyez-moi, part à leur bonheur ;
J'aime des amants l'amoureux langage,
Quand il part d'un cœur pur, honnête et sage :
Heureux et content, tant que je vivrai,    } bis
Comme à mes vingt ans toujours j'aimerai.

J'aime des soldats le bouillant courage,
J'ai, dix ans passés, partagé leur sort,
Et j'aime à les voir, au sein du carnage,
Fermes, sans trembler, affronter la mort.
J'aime dans les champs les fleurs, la verdure,
Le chant des oiseaux, l'onde qui murmure :
Heureux et content, tant que je vivrai,    } bis
Comme à mes vingt ans toujours j'aimerai.

J'aime à l'indigent glisser une obole
Qui peut de sa faim calmer les douleurs ;
J'aime à dire un mot qui parfois console ;
J'aime du chagrin essuyer les pleurs.
Pour le repentir j'aime la clémence,
J'aime à pardonner celui qui m'offense :
Heureux et content, tant que je vivrai,    } bis
Comme à mes vingt ans toujours j'aimerai.

J'aime Dieu clément qui, sans avarice,
Répand ses bienfaits sur l'humanité;
J'aime l'homme franc, j'aime la justice;
Ce que j'aime encor, c'est la liberté.
J'aime à rencontrer un ami sincère,
Une chaste épouse, une bonne mère.
Heureux et content, tant que je vivrai, ⎫
Comme à mes vingt ans toujours j'aimerai.⎬ bis

L.-C. DURAND.

## LE DERNIER BAL D'ALICE.

Air de *Demoiselle et Grisette*, ou des *Feuilles mortes*.

Je sens s'évanouir ma jeunesse éphémère...
Et j'aime à savourer un instant de bonheur.
Je veux aller au bal! laisse-moi, bonne mère;
Pourquoi me retenir? J'ai la place d'honneur :
J'y brillerai ce soir : c'est mon unique joie!
Mère! parfois vois-tu mes lèvres se flétrir?...
La mort peut-être est là qui réclame sa proie...
Ah! laisse-moi danser... demain je puis mourir!

Quoi! si jeune, mourir? lorsque je sens mon âme,
Vierge se consumer d'un feu mystérieux?...
Allons au bal! c'est là que le plaisir enflamme :
Rêve ou réalité, qu'il enivre mes yeux!
Si je restais ici pensive et solitaire,
Celui qui doit m'aimer ne viendrait pas s'offrir.
Sans connaître l'amour quitterai-je la terre?
Ah! laisse-moi danser... demain je puis mourir!

Je veux au tourbillon d'une valse enivrante
M'élancer, le front ceint de perles et de fleurs!
J'oublirai que je fus ce matin si souffrante...
Je me sens déjà mieux : vois mes fraîches couleurs!

Hâtons-nous, le temps fuit, et le bout de son aile
Brise un frêle bouton commençant à fleurir...
Mère! n'entends-tu pas la vive ritournelle?
Ah! laisse-moi danser... demain je puis mourir.

Ainsi parlait Alice; une foule galante,
A son entrée au bal, murmurait : La voici :
Une églantine ornait sa poitrine brûlante.
Plus rose que sa fleur, qu'elle était belle ainsi !
Et vers l'aube du jour, faible, décolorée,
Elle disait : Enfin mon cœur a pu s'ouvrir:
Un autre l'a compris! je meurs, mais adorée...
Pardonne-moi, ma mère, adieu... je vais mourir!!!

M<sup>me</sup> Ernestine BABINEAU.

## LE VIGNERON DE SAINT-BRIS,

### OU L'ENSEIGNE DU RÉVEIL-MATIN.

Air du *Réveil-Matin*.

Un vigneron passé maître
  Pour son jus divin,
Pour enseigne un jour fit mettre :
  *Au réveil-matin.*
Une cloche en son langage,
  Au son argentin,
Disait aux gens du village,
  Le soir, le matin :
  Tin, tin, tin,
Accourez, gens du village,  *bis.*
  Tin, tin, tin,
  Au réveil-matin.

Ce bon vigneron Guillaume,
  Fier, au noble cœur,
Avait dans plus d'un royaume
  Suivi l'Empereur.
Aussi sur chaque muraille,
  Tracée au fusin,
On voyait mainte bataille
  Au réveil-matin,   *bis.*
  Tin, tin, tin, tin, etc.


Les buveurs venaient en foule
  A son cabaret,
Et son vin, tapant la boule,
  Rendait guilleret ;
Il faut dire, à sa louange,
  Le fait est certain,
On le buvait sans mélange
  Au réveil-matin,   *bis.*
  Tin, tin, tin, tin, etc.


Une jeune paysanne,
  A minois fripon,
Sans craindre un regard profane,
  Servait d'échanson ;
Jeannette, alerte et gentille,
  Vive, à l'œil mutin,
Attirait plus d'un bon drille
  Au réveil-matin,   *bis.*
  Tin, tin, tin, tin, etc.


Quand la liqueur généreuse
  Troublait les cerveaux,
La chanson vive et joyeuse
  Avait des bravos ;

Sans peser chaque parole
  D'un couplet badin,
On chantait la gaudriole
  Au réveil-matin,        ) bis.
  Tin, tin, tin, tin, etc. )

Les malheureux dans Guillaume
  Avaient un ami.
Son nom était sous le chaume
  Honoré, béni ;
Le voyageur, pauvre diable,
  Sans gîte ni pain,
Avait le lit et la table
  Au réveil-matin,         ) bis.
  Tin, tin, tin, tin, etc.  )

Mais Guillaume un jour succombe
  Sous le poids des ans,
Il emporta dans la tombe
  Des regrets cuisants ;
Alors, adieu la clochette
  Et son tin, tin, tin,
Et depuis chacun regrette
  Le réveil-matin,
  Tin, tin, tin, tin,
Et depuis chacun regrette
    Tin, tin,
  Le réveil-matin.

Louis-Charles Durand.

## THIÉGO LE MARÉCHAL.

Holà! morbleu, qui vient donc, à cette heure,
Frapper chez moi, Thiégo le maréchal.
Trois cavaliers : Vite, ouvre ta demeure,
Viens à l'instant ferrer notre cheval.
Dans ton sommeil nous te troublons sans doute,
Mais par tes soins quand nous serons dispos,
Nous reprendrons tous les trois notre route,
Et toi ton lit où t'attend le repos.
    Las! nous courons à l'aventure,
    Pauvres d'argent, riches d'honneur;
    Cherchant avec notre monture
    Le chemin qui mène au bonheur.


    Toujours à la forge qui fume
    Dans la vie on a bien du mal,
    Courage, allons! ma chère enclume,
    Gagne le pain du maréchal.


En s'approchant du foyer qui pétille,
Moi, dit alors le premier voyageur,
J'aime d'amour, j'aime une noble fille,
Et je ne puis lui donner que mon cœur.
Le jour, la nuit, à travers la campagne,
Battu des vents, je voyage en tous lieux,
Me demandant l'espoir qui m'accompagne
Vient-il vers moi de Satan ou de Dieu?

I

Car je cours après la fortune,
Je veux posséder un trésor,
J'aime tant Vanita la brune,
Et Vanita n'aime que l'or.


Toujours à la forge qui fume,
Dans la vie on a bien du mal,
Courage, allons! ma chère enclume,
Gagne le pain du maréchal.


Dans un sentier teint de sang et de larmes,
Dit le second, j'abandonne mes pas;
En succombant dans le métier des armes,
Mon nom devra survivre à mon trépas.
Il faut passer par de rudes épreuves,
Souffrir le froid, la fatigue, la faim,
Voir à ses pieds des orphelins, des veuves,
  Donner la mort, la recevoir enfin.
Pourtant je cours après la gloire
Et la palme due au vainqueur,
Oui, les lauriers de la victoire
Seuls ont des attraits pour mon cœur.


Toujours à la forge qui fume,
Dans la vie on a bien du mal,
Courage, allons! ma chère enclume,
Gagne le pain du maréchal.


Fougueux enfants que le destin rassemble,
Dit le dernier, qui paraissait bien vieux,
Écoutez-moi, nous partirons ensemble
L'expérience a blanchi mes cheveux.

J'ai fait l'amour, j'ai fait aussi la guerre,
J'étais bouillant et hardi comme vous.
Pauvres humains ! je n'ai vu sur la terre
Que des ingrats, des méchants et des fous.
  Mais je cours après la sagesse :
  Soldat, maîtrise ton ardeur,
  Amant, laisse là ta maîtresse,
  La sagesse mène au bonheur.


Toujours à la forge qui fume,
Dans la vie on a bien du mal,
Courage, allons ! ma chère enclume,
Gagne le pain du maréchal.

     Eugène IMBERT.


## MALHEUR D'AIMER,

### OU L'ORIGINE DES MARGUERITES.

Air : *Si les Fleurs parlaient.*

La mort n'est-elle qu'une transformation !

Approche, enfant, je suis la pâquerette,
Fille des chemins, la plus simple des fleurs.
Viens effeuiller ma rose collerette
Je te dirai le secret de tes pleurs ;
 I

Ainsi que toi, sous les traits d'une femme,
J'eus des regards jadis pour enflammer,
L'amour aussi s'empara de mon âme,   } bis.
Et comme toi (bis) je ne savais qu'aimer.

J'étais alors la blonde Marguerite,
Et je filais en chantant tout le jour ;
De fraîches fleurs, ma brebis favorite,
Embellissaient mon modeste séjour ;
J'allais danser sur les herbes fleuries,
Le son du cor un soir vint m'alarmer :
Un étranger chassait dans nos prairies,
Soudain mon cœur (bis) connut le mal d'aimer.

Oh ! je l'aimais plus qu'on n'aime une mère !
J'aurais pour lui donné ma part du ciel.
Mais son amour, hélas ! fut éphémère,
Le désespoir m'abreuva de son fiel ;
J'ai bien pleuré la froide indifférence
Du beau chasseur qu'une autre sut charmer,
Loin de l'ingrat, je cachai ma souffrance,
Il m'oublia (bis)... moi, je mourus d'aimer.

Bientôt, l'amour, touché de mon martyre,
Me ranima sous les traits d'une fleur,
Mais il voulut que je pusse prédire
Aux amoureux l'espoir et la douleur ;
Consulte-moi, courage, ô ma petite !
T'aime-t-il bien ? tu n'oses l'affirmer !
Viens effeuiller la pâle marguerite,
Et tu sauras (bis), enfant, s'il doit t'aimer.

Mme Ernestine RABINEAU.

## LA VEILLE DE LA BATAILLE.

Air : *Demoiselle et Grisette.*

Des feux de l'ennemi s'éclaire au loin la plaine,
Comme un voile sanglant couvre notre sommeil.
On l'a dit dans les rangs : la bataille est prochaine.
Le canon doit demain annoncer le réveil !
Je ne crains pas la mort, non, je rêvais d'avance
De marcher au combat, le noble et saint devoir. *bis.*
Souffle, vent de la nuit, rapide vers la France,
Porte-lui mon adieu, porte-lui mon espoir.

Que fais-tu loin de moi petite sœur rieuse ?,
Dans un rêve charmant vas-tu cueillant des fleurs ?
Vois-tu sous tes baisers, triste et silencieuse,
Notre mère parfois essuyer quelques pleurs ?
O douce vision, mirage de l'absence,
Ne brise pas au moins ton magique miroir.
Souffle, vent de la nuit, rapide vers la France,
Porte-lui mon adieu, porte-lui mon espoir.

Oh ! je vous reverrai ! oui, j'en ai l'espérance,
Mon séduisant Paris, ma mère, mes amours ;
Mes dimanches joyeux, et vous, amis d'enfance,
Dont le doux souvenir m'est témoin tous les jours.
Alors, de mon exil oubliant la souffrance,
Je charmerai joyeux les longs récits du soir.
Souffle, vent de la nuit, rapide vers la France,
Porte-lui mon adieu, porte-lui mon espoir.

Maurice PATEZ.

## TRAVAIL ET GAITÉ.

Air de *la Jeune Fille à l'éventail*.

Ecoutez-bien ma chansonnette,
Filles et vous, jeunes garçons;
Dans les accords de ma musette
Vous trouverez, douces leçons;
Apprenez-les, filles gentilles,
Vous chanterez vos doux amours,
Sur les gazons, sous les charmilles,
Où vous passez des heureux jours.

Chantons, chantons, garçons et filles,
Et travaillons pour être heureux;
Frappez, marteaux; courez, aiguilles,
Aux doux accents des chants joyeux.
Puisque c'est Dieu qui nous l'ordonne,
Çà, travaillons avec ardeur,
Et quand le feu du jour rayonne,
Le chant nous donne alors du cœur;
Puis, nous voyons dans nos chaumières,
Lorsque le jour s'enfuit du ciel,
L'humble produit de nos salaires;
L'abeille ainsi revoit son miel.

  Chantons, etc.

Fuis loin de nous, mélancolie,
Reste plutôt sous le velours,
Car c'est gaiment et sans envie
Que nous passons ici nos jours;

Si nous allons sous la coudrette
Nous reposer à deux sans bruit,
Ce qu'on s'est dit là, sur l'herbette,
Reste entre nous : trop parler nuit.

  Chantons, etc.

Amusons-nous, belle jeunesse,
Quand nous avons force et santé,
Aidons l'infirme et la vieillesse,
Car Dieu bénit l'humanité ;
Ne nous faisons jamais la guerre,
Que la bonté guide nos cœurs,
Et nous aurons, sur cette terre,
Gaîté, travaux, plaisirs, bonheur,
Amusons-nous, garçons et filles,
Et travaillons pour être heureux ;
Frappez, marteaux ; courez, aiguilles.
Aux doux accents de chants joyeux.

      L. HAMEURY.

## LES RUCHES.

AIR : *Demoiselle et Grisette*.

Dans ces charmants jardins, sous ces vertes charmilles,
Jouez, jeunes enfants ; mais arrêtez vos yeux
Sur ces maisons de paille, où vivent des familles
Dont l'exemple, pour vous, doit être précieux :
C'est dans ces ruches d'or, étonnantes merveilles,
Que l'on voit s'agiter un monde industrieux :
Enfants, pour être heureux, imitez les abeilles,
L'ennemi du travail est maudit dans les cieux. (*bis*.)

Sitôt que dans les champs paraît la blonde Aurore,
Vous les voyez partir, et, sans perdre de temps,
Se poser sur la fleur que le jour voit éclore
Pour en tirer le suc fourni par le printemps ;
Puis, quand revient le soir et ses lueurs vermeilles,
Elles rentrent portant leur butin précieux.
Enfants, pour être heureux, imitez les abeilles,
L'ennemi du travail est maudit dans les cieux.

Si l'abeille parfois se livre à la mollesse,
Malheur à l'imprudente, alors qu'elle s'endort,
Car ses sœurs aussitôt punissent sa paresse,
La chassent de la ruche et lui donnent la mort.
Ah ! que jamais, enfants, votre ardeur ne sommeille,
De vos tendres parents réalisez les vœux.
Car vous seriez punis comme le fut l'abeille.
L'ennemi du travail est maudit dans les cieux.

## SOUVENIRS D'AMOUR.

### Air des *Quatre âges du cœur*.

Mon cœur était vierge encor de souffrance,
Quand une femme, un ange me sourit,
En ce moment d'amour et d'espérance,
Sous son regard mon tendre cœur s'ouvrit ;
Telle une fleur offre son pur calice
Aux doux rayons dorés d'un jour serein
Que sur tout être envoie un ciel propice ;
Et je l'aimai, ma main pressa sa main.

  Le plus doux délice,
  Vient d'un pur amour ;
  Mais quand l'artifice
  De ce bas séjour

D'un souffle flatteur
Trouble notre cœur,
L'amère douleur
Chasse le bonheur.


Près d'elle alors mon âme était heureuse
En adorant l'objet qui me charma,
A mes côtés, ah! qu'elle était joyeuse!
Ainsi j'aimai, c'est ainsi qu'on m'aima;
Mais dans le monde elle était encensée,
Partout, hélas! on vantait ses appas;
Plus tard l'orgueil domina sa pensée
Et son bonheur fut foulé sous ses pas.

Le plus doux, etc.


On dit qu'il faut craindre, dans sa jeunesse,
D'être ébloui par une folle ardeur
Qui, de nos cœurs, en se rendant maîtresse,
Détruit souvent tous nos jours de bonheur.
On dit aussi qu'on peut sur cette terre
Goûter encor le doux bonheur d'Eden,
Que deux cœurs droits par un amour sincère
Trouvent enfin ce bonheur dans l'hymen.

Ah! qu'un Dieu propice
Comble nos amours
Du plus doux délice,
Des plus heureux jours,
Et que notre cœur
Béni du Seigneur,
Exempt de douleur,
Goûte le bonheur.

Car sans amour l'existence est aride,
Qui voudrait vivre en cet amer séjour,
Et ne sentir en tous lieux que le vide
Sans rencontrer un doux regard d'amour?
Lorsque l'on sent en soi pleurer son âme,
Ah! doit-on dire à son cœur, ne hais pas!
Pour être heureux il faut donc qu'une femme,
Il faut qu'un ange accompagne nos pas.

Ah! qu'un Dieu propice, etc.

Hameury (Louis-Marie).

## LE PAIN DU BON DIEU.

Air : *La main de Dieu.*

Fleur de froment plus blanche
Que la fleur d'aubépin,
C'est le pain du dimanche,
Et tu jettes ce pain!
Sais-tu, petite fille,
Qu'il arrive malheur
A l'enfant qui gaspille
Les dons du Créateur.

Oh! quand le pain t'abonde,
Ne t'en fais pas un jeu,
C'est le salut du monde,
C'est le pain du bon Dieu.

Sais-tu, jeune imprudente,
Qui ris de ma leçon,
Que, sous la voûte ardente,
Dès qu'on fait la moisson,
Il n'est pas une graine
Des épis bienfaisants
Qui ne coûte une peine
Aux pauvres paysans?

Oh! quand le pain t'abonde, etc.


Quand ta tête songeuse
Aux voix du soir s'endort,
Une pâte neigeuse
Cuit dans sa couche d'or;
Ce pain que ta main jette
Est prêt pour ton réveil,
Et celui qui l'apprête
Meurt de nuits sans sommeil!

Oh! quand le pain t'abonde, etc.


L'oiseau pusillanime,
Trop précoce glaneur,
A prélevé sa dîme
Avant le moissonneur;
Garde plutôt, chérie,
Tes regrets superflus
Pour le vieillard qui prie
Et ne travaille plus.

Oh! quand le pain t'abonde,
Ne t'en fais pas un jeu,
C'est le salut du monde,
C'est le pain du bon Dieu. RABINEAU.

## LA CHAUMIÈRE, OU FILE, MA MÈRE.

Air de *la Jeune Fille à l'éventail*.

Du bonheur a fui la chimère;
Rien ne remplace, dans mon cœur,
La chaumière où file ma mère,
La chaumière où chante ma sœur.

Lorsqu'à vingt ans, de son haleine,
Le printemps vint me caresser,
Ivre d'amour mon âme pleine
Lui répondit comme un baiser;
Loin du hameau fuyant, volage,
Souriant j'égarais mes pas,
Errant de rivage en rivage,
Bientôt je disais tout bas :

Du bonheur, etc.

Illusion, comme tu passes,
Où sont tes champs semés de fleurs,
Que dans mes naïves extases
M'offraient tes mirages trompeurs?
Tout chemin a sa pierre aride,
Toute fleur son calice amer.
Mon œil au loin plongeant, avide,
N'entrevoit plus que le désert.

Du bonheur, etc.

Comme au vent la rose s'effeuille,
Ainsi s'éparpillent mes jours,
Qu'en son chemin l'ennui recueille
Tribut des faciles amours;

Mais j'ai là-bas mère qui prie,
Ma blonde sœur, vivant trésor,
Et ma Rosine si jolie
Qui pour époux m'attend encor.

Du bonheur, etc.


La patrie est le toit qu'on aime,
La patrie est le coin du ciel
Où l'on reçut, fécond baptême,
Le premier baiser maternel;
C'est le nid où, pendant l'orage,
Pour s'abriter revient l'oiseau,
Où sous l'ombre d'un noir feuillage
L'on va prier sur un tombeau.

Du bonheur, etc.     M. PATEZ.


## LE DIABLE ET LA JEUNE FILLE.

### LÉGENDE DU XVᵉ SIÈCLE.

Air du *Sire de Framboisy*.

Blondes fillettes qui rêvez un mari,    bis.
Ecoutez bien l'histoire que voici :

Un jour le diabl', en s'prom'nant dans l'Berry,
Rencontra fille au minois fort joli :

D'amour le diabl' fut aussitôt saisi;
Diabl'! s'dit l'diabl', qu'elle est bien, sapristi!

Puis, l'abordant, lui dit d'un air poli :
D' vous rencontrer, belle enfant, j' suis ravi !

— Ma foi, Monsieur, j'en suis bien aise aussi.
Faut dir' que l' diable était parfait'ment mis,

Qu'il avait d' plus frisé ses favoris.
En s' dandinant, il poursuivit ainsi :

Vous plairait-il me prendre pour mari ?
J' suis grand seigneur, mes titres les voici :

Et d' son pal'tot tir' un papier jauni,
Signez là-d'ssus, n, i, ni, c'est fini ;

J' vous fais châtlain' de mon château rôti.
Mais cett' p'tite qu'était très-fine aussi,

Et qui du diabl' crut sentir le roussi,
En s' grattant l' nez, lui répondit ceci :

Monsieur, avant d' vous prendre pour mari,
Faut qu'j'vous passe au doigt l'anneau qu'voici,

Or cet anneau était d'or et bénit,
Comme il était d'usage en le Berry.

L' diable en riant lui tend son doigt noirci,
C'est dit, qu'il dit, j' la tiens à ma merci :

Mais dès qu' son doigt sentit l'anneau susdit,
L' diable aussitôt de douleur se tordit,

Car de colique il fut soudain saisi,
Il devint noir, puis blanc, puis cramoisi ;

Diable s'dit l'diabl', l'doigt dans l'œil j'm'suis mis
Quel chien de guignon m'a conduit dans c' pays !

Mais par bonheur pour lui la terre s'ouvrit,
Et plus alors aucun ne le revit.

De cette histoire la morale la voici :
De fille sage un galant perverti
Ne souillera jamais l'anneau bénit.

Maurice Patez.

---

## LE MARÉCHAL FERRANT.

### Air du *Réveil-Matin*.

Au lever de chaque aurore,
  Pour me mettre en train,
Au travail ma voix sonore
  Chante ce refrain :
Quand je vois fillette sage
  Au minois pimpant,
Mon marteau, faisant tapage,
  Va toujours frappant.

Mon marteau, faisant tapage,
Pan, pan, pan, va toujours frappant.

Maréchal ferrant, j'allume
  Ma forge et mon cœur,
Lorsqu'auprès de mon enclume
  Je vois, ô bonheur !

Celle qu'entre toutes j'aime,
   De moi s'occupant,
Mon lourd marteau, de lui-même,
   Va toujours frappant.

Pan, pan, pan, pan, pan, pan,
Mon lourd marteau, de lui-même,
Pan, pan, pan, va toujours frappant.

J'en fis la rencontre heureuse,
   Un dimanche au bois,
Quand la fauvette amoureuse
   Modulait sa voix :
Pour vous, lui dis-je, à l'ouvrage,
   Mon brise-tympan,
Quand j'évoque votre image,
   Va toujours frappant.

Pan, pan, pan, pan, pan, pan,
Quand j'évoque votre image,
Pan, pan, pan, va toujours frappant.

Pour y refléter ma vie,
   Je prends pour miroir
Compagne douce et jolie,
   A l'œil vif et noir;
Afin de s'en rendre digne,
   Au bruit qu'il répand,
Mon marteau, faveur insigne,
   Va toujours frappant.

Pan, pan, pan, pan, pan, pan,
Mon marteau, faveur insigne,
Pan, pan, pan, va toujours frappant.

J'espère, et j'en ai le gage,
   Bientôt obtenir
Sa main blanche en mariage,
   Quel doux avenir!
De ce jour-là que j'appelle,
   Mon bonheur dépend,
Pour lui mon bras plein de zèle
   Va toujours frappant.

Pan, pan, pan, pan, pan, pan,
Pour lui mon bras plein de zèle,
Pan, pan, pan, va toujours frappant.

Auguste ALAIS.

## LE PAYS DE MES RÊVES.

Air : *Si les Fleurs parlaient.*

Petit enfant, quand j'avais une mère,
Qui me berçait le soir sur ses genoux,
Combien de fois j'ai vu, songe éphémère,
Un beau pays sous un ciel calme et doux!
En grandissant sous nos fougueuses grèves,
J'ai tout perdu, visions et beaux jours.
Qui me rendra le pays de mes rêves
Où j'ai laissé (*bis*) mes premières amours?

Dans cet Éden du tendre et premier âge,
Vieux, maintenant, je m'en souviens encor,
Sur ce riant et tranquille rivage,
J'eus pour soutien un ange aux ailes d'or;

Mais, Aquilon, les vents que tu soulèves
Ont-ils fait fuir cet ange pour toujours ?
Qui me rendra le pays de mes rêves
Où j'ai laissé (*bis*) mes premières amours ?

Simples ébats, désirs pleins d'innocence,
Qu'êtes-vous donc devenus sous mes pas ?
Temps enchanteur où de l'adolescence
L'idéal offre de purs appas ;
Réalité, tu viens, et plus de trêves,
Je vis le monde et connus ses détours.
Qui me rendra le pays de mes rêves
Où j'ai laissé (*bis*) mes premières amours ?

Livre inédit du roman de la vie,
Dont chaque page esquisse un souvenir,
Quand follement ma jeunesse ravie
Eparpillait les fleurs de l'avenir ;
Discret gardien des odorantes sèves,
Des fleurs que Dieu sema sur mon parcours,
Viens et rends-moi le pays de mes rêves
Où j'ai laissé (*bis*) mes premières amours.

Auguste ALAIS.

## LE GALANT POSTILLON.

### Musique de A. MARQUERIE.

Allons, ma belle, partons vite,
Çà, dépêchons, doublons le pas,       *bis*.
Aux plaisirs l'amour nous invite,
Le bonheur nous attend là-bas.

Partons, clic, clac, fendons l'espace,
Clic, clac, doublons le trot;
Galop, galop, rien ne nous lasse,
    Vite au galop!

Je suis le galant postillon
Que l'on cite et vante à la ronde,
Sur la route de Châtillon
Pour faire enrager brune et blonde;
Mais Louise, au regard vainqueur,
Seule a fait palpiter mon cœur.
    Je suis en amour
    Payé de retour!
    Galop, galop. *bis.*

    Allons, etc.

Ma cavale sous moi fend l'air,
Sur la route quand je m'élance,
Aussi bien qu'un chemin de fer,
Elle dévore la distance.

Quand nous sommes au rendez-vous,
    Elle a de ma main
    Double picotin.
    Galop, galop. *bis.*

    Allons, etc.

Viens au château, me dit un jour
Une dame de haut parage,
Je te ferai riche d'amour
Et de fortune et d'apanage;
Au château! pour moi que d'honneur!
Lui répondis-je, mais mon cœur,

Il n'est plus à moi,
Louise a ma foi.
Galop, galop.   *bis.*

Allons, etc.


De ma mère, que j'aime tant,
Je suis le soutien, car mon père
Mourut un jour en combattant
En brave et vaillant militaire.
Ma mère en pleurs m'a dit : Julien,
Mon pauvre enfant, travaille bien ;
Depuis ce malheur,
Redoublant d'ardeur.
Galop, galop.   *bis.*

Allons, etc.


Dans un mois Louise sera
Mon épouse, et mon cœur espère
Que le bon Dieu prolongera
Les jours de notre bonne mère ;
Car pour l'aimer nous serons deux,
Et Louise comblant mes vœux,
Bientôt un enfant,
Dira : Grand'maman,
Galop, galop.   *bis.*

Allons, etc.

Louis-Charles Durand.

## LE BONHEUR DU LABOUREUR.

Air de *la Chanson du Vigneron.*

Dans l'espoir d'un nouveau printemps,
Quand l'hirondelle est disparue,
Avant la neige et les autans,
Le laboureur prend la charrue;
La herse adoucit les sillons;
Dans l'air de nombreux oisillons
  Convoitent le grain
  Que sème sa main.

Etre joyeux, simple en ses vœux, franc, cou-
  C'est le bonheur   [rageux,
  Du laboureur;
Santé, gaîté, la paix du cœur,
  C'est le bonheur
  Du laboureur.

Devançant l'aube au teint vermeil,
Pour les champs il quitte son gîte,
Sous l'ardent rayon du soleil
Il sarcle une herbe parasite;
Arrive enfin la fenaison;
La vendange suit la moisson,
  Raisin, épis d'or,
  Offrent leur trésor.

  Etre joyeux, etc.

Sur son front perle la sueur;
Quand le soir lui rend sa chaumière
Il oublie un rude labeur
Près d'une tendre ménagère;

Entouré de six beaux enfants
Frais comme les fleurs du printemps,
    Il se sent heureux,
    Et bénit les cieux.

    Etre joyeux, etc.

Mais que l'étranger ose un jour
Insulter sa belle patrie,
Ses fils quitteront le labour,
Leur sœur et leur mère chérie;
Bientôt, intrépides guerriers,
Ils auront, aux champs des lauriers,
    Une croix d'honneur
    Prix de leur valeur.

    Etre joyeux, etc.

L'âge amène les cheveux blancs;
Alors, pour abréger les veilles,
Il dit à ses petits-enfants
Ces contes remplis de merveilles;
Puis, sous son toit hospitalier,
Les pauvres ont place au foyer,
    Et, content du sort,
    Il attend la mort.

    Etre joyeux, etc.

            Mme Ernestine RABINEAU.

## UNE ROSIÈRE CHAMPÊTRE.

Air du *Petit Bouton d'or*.

Rêvant, naïve bergère,
 Un jour de printemps,
Pour trouver une rosière,
 Je courus longtemps ;
Enfin, je vis sous un hêtre,
 Au pied d'un coteau,
Une beauté fort champêtre     } bis.
 Gardant un troupeau.

Tiens, lui dis-je, bergerette,
 Douce fleur des champs,
Pour décorer ta houlette
 Voici des rubans ;
— A d'autr's contez vos fleurettes,
 Je n' somm's point un' fleur ;
Tâchez donc d' mettr' vos lunettes,
 Monsieur l'enjôleur.

Laisse-moi, tendre sylphide,
 Poser en passant
Dessus ta paupière humide
 Un baiser brûlant.
— Si vous brûlez, j' vous déclare,
 Si c'est votr' désir,
Qu'à deux pas j'avons un' mare
 Pour vous rafraîchir.

Vers le temple de Cythère
  Pour guider tes pas,
L'amour vient t'offrir, ma chère,
  L'appui de mon bras.
— Gardez vos jambes pour d'autres:
  J' n'ons pas b'soin d' bâton ;
Mon chien pourrait mordr' les vôtres,
  C' qui n' vous s'rait pas bon.

Que j'aime ton doux sourire,
  Ton air de candeur !
Ton charme enivrant inspire
  Ma verve et mon cœur.
— Je n' sais pas ce que j'inspire ;
  Mais j' sais qu' vous m' contez
Des chos's qui n' me font point rire
  Et qu' vous m'embêtez.

Ah ! si c'est là le langage
  Que tiennent toujours,
Les fillettes de village
  Dans nos alentours.
Fi de ces beautés champêtres
  Aimées des badauds !
Elles peuvent aller paître
  Avec leurs troupeaux.  P. E. B. V.

---

## LA FIANCÉE DE L'ABSENT.

Air du *Vieux Trois-Mâts*.

Depuis qu'il est parti, parti celui que j'aime,
De mon printemps, hélas ! je vois faner les fleurs,

Tout m'attriste à présent... dans ma douleur extrême
Oui, je maudis le sort qui sépare deux cœurs.

Mon Dieu! dans ma souffrance, — oh! laisse l'espérance
Qui me soutient encor! — Triste mon cœur s'élance
En un rapide essor. — laisse-moi l'espérance,
    Oui, l'espérance.


Oiseaux, ne chantez plus, vous troublez le silence
Où j'aime sans témoin égarer ma douleur ;
Vos chants et vos amours augmentent ma souffrance :
Moi, je n'ai caressé que l'ombre du bonheur.

    Mon Dieu ! etc.


Tout me rappelle ici sa présence chérie,
Ce qui faisait ma joie, hélas! fait mon tourment!
C'est là, sous les tilleuls, qu'en mon âme attendrie,
Je sentis de l'amour le doux frémissement.

    Mon Dieu! etc.


Oh! mon Dieu! qu'ai-je vu? dois-je douter ou croire?
Il revient, ô bonheur! oiseaux, chantez toujours!
Fleurs, épanouissez-vous dans ce jour de mémoire
Où d'un soleil plus doux j'entrevois les beaux jours.

Mon Dieu! dans ma souffrance, — enfin j'ai l'espérance
De les revoir encor ; — joyeux mon cœur s'élance,
En un rapide essor, — j'ai gardé l'espérance,
    Oui, l'espérance.    Maurice PATEZ.

## LETTRE D'AMOUR.

Air : *Si les Fleurs parlaient*.

Quand je croyais, en me trompant moi-même,
Dans un regard saisir un peu d'espoir,
J'osais alors murmurer : Je vous aime !
Mais vous m'avez fait vite apercevoir
Que cet espoir, dont se berçait mon être,
N'était, hélas ! qu'un mirage trompeur,
Ah ! par pitié, m'aimeriez-vous, peut-être,
Si votre cœur (*bis*) sentait battre mon cœur ?

Pour rayonner dans la nuit de ma vie
J'attends de vous l'aumône d'un regard,
Ou mieux encor, pour mon âme asservie,
Une parole échappée au hasard :
Un autre a su mieux se faire connaître,
Favorisé du sort, il est vainqueur.
Ah ! par pitié, m'aimeriez-vous, peut-être,
Si votre cœur (*bis*) sentait battre mon cœur ?

Ah ! comme à lui si vous vouliez encore
Abandonner votre main dans ma main,
Et puis tous deux, dans l'ombre où l'on s'adore,
Marcher, pensifs dans un étroit chemin ?
Mais ce bonheur pour moi ne doit pas naître,
Je n'ai de vous qu'un sourire moqueur.
Ah ! par pitié, m'aimeriez-vous, peut-être,
Si votre cœur (*bis*) sentait battre mon cœur ?

Pauvre ignorant de l'état de mon âme,
Faisant enfin appel à ma raison,
Sans me douter de l'ardeur de sa flamme
J'ai de l'amour savouré le poison ;
Mes yeux ont su dans vos yeux se repaître,
De ce qui fait maintenant ma douleur.
Ah ! par pitié, m'aimeriez-vous, peut-être,
Si votre cœur (bis) sentait battre mon cœur?

Sans espérer que cet amour vous touche,
Je vous en livre en tremblant le secret.
Sans cet aveu que laisse fuir ma bouche
Et que vous porte un message discret ;
Un mot, un signe, et je pourrai renaître
A l'espérance, à la joie, au bonheur.
Ah! par pitié, m'aimeriez-vous, peut-être,
Si votre cœur (bis) sentait battre mon cœur?

Auguste ALAIS.

## UN DERNIER SOUPER DE GARÇON.

Paroles de N. Mercier. — Musique de F. Seré.

*La musique se trouve chez* M. VIEILLOT, *rue Notre-Dame-de-Nazareth,* 32.

Allons, vite en train !
Car dès demain
J'entre en ménage ;
Soupons sans façon,
Ce soir encore je suis garçon.

Oui, jusqu'à demain,
Le verre en main
Faisons tapage;
De vin et d'amour
Enivrons-nous tous jusqu'au jour.

Toi, Ferdinand,
En Talleyrand
Dresse la carte,
Nous comptons sur toi
Pour faire un vrai dîner de roi.
Du choix des mets,
De nos gourmets
Point ne t'écarte,
Fais au sombre lieu
Pâlir Lauzun et Richelieu.

Allons, etc.

Mais l'huître est là,
Arrosons-la
De blanc Sauterne;
Ce divin nectar
De Bacchus nous attèle au char.
Qu'ici, faquins,
Les meilleurs vins
De la taverne
Coulent à plein bords !
La nappe couvrira les morts.

Allons, etc.

On peut conter,
On peut chanter
La bouche pleine;
Chassons loin d'ici
Et l'étiquette et le souci.

Buvons beaucoup,
Tâchons surtout,
Sans perdre haleine,
Qu'au dessert, amis,
Chacun n' soit qu'à moitié gris.

   Allons, etc.

Les gais propos
Et les bons mots
Viennent en foule ;
Puis, pour le bouquet,
Des femmes voici le caquet.
   Jamais assez !
   Femmes, versez
   L'ai qui coule,
Il faut de l'ardeur,
Et si vous craignez la chaleur,

   Allons, etc.

L'aurore vient,
Le punch nous tient
Lieu de bougie,
Nous avons bien l'air
De diables sortis de l'enfer.
   Le jour renaît,
   Tout disparaît,
   Adieu l'orgie !
   Vite un dernier bol ;
Puis, pour l'hymen je prends **mon vol.**

   Allons, etc.

# TABLE DES MATIÈRES.

| | |
|---|---|
| L'ingrat, ou il est parti. | 5 |
| Justin et Justine, ou le cousin et la cousine. | 6 |
| L'orpheline, ou les regrets. | 8 |
| Le retour des beaux jours. | 9 |
| Le bon vivant. | 11 |
| L'heureux laboureur. | 13 |
| La petite Quêteuse. | 14 |
| Ma Connaissance, ou la Marchande d'ail. | 16 |
| Les deux Amoureux. | 17 |
| Mon voyage à Paris. | 18 |
| Le Mariage de ma sœur, ou la Noce au village. | 20 |
| La Bourguignonne. | 22 |
| La Capeline aux rubans bleus. | 24 |
| Le Berceur de village. | 25 |
| Les Marguerites (janvier 1841). | 28 |
| Riche d'amour. | 30 |
| Je vais prier. | 31 |
| L'Enfant et l'Alouette. | 32 |
| Le Forgeron. | 34 |
| Ne cessez pas de croire en Dieu. | 36 |
| Toujours j'aimerai. | 37 |
| Le dernier bal d'Alice. | 39 |
| Le Vigneron de Saint-Bris. | 40 |
| Thiégo le maréchal. | 43 |
| Malheur d'aimer, ou l'origine des Marguerites. | 45 |
| La veille de la bataille. | 47 |
| Travail et Gaîté. | 48 |
| Les Ruches. | 49 |
| Souvenirs d'amour. | 50 |
| Le pain du Bon Dieu. | 52 |
| La Chaumière où file ma mère. | 54 |
| Le Diable et la jeune Fille. | 55 |
| Le Maréchal ferrant. | 57 |
| Le pays de mes rêves. | 59 |
| Le galant Postillon. | 60 |
| Le bonheur du Laboureur. | 63 |
| Une Rosière champêtre. | 65 |
| La Fiancée de l'absent. | 66 |
| Lettre d'amour. | 68 |
| Un dernier Souper de garçon. | 69 |

www.ingramcontent.com/pod-product-compliance
Lightning Source LLC
LaVergne TN
LVHW051509090426
835512LV00010B/2439